LITTLE SCHOLARS

Cursive
Handwriting Workbook
For Kids

By

Little Scholars Publishing

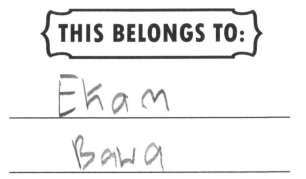

{ THIS BELONGS TO: }

Ekam

Bawa

Airplane

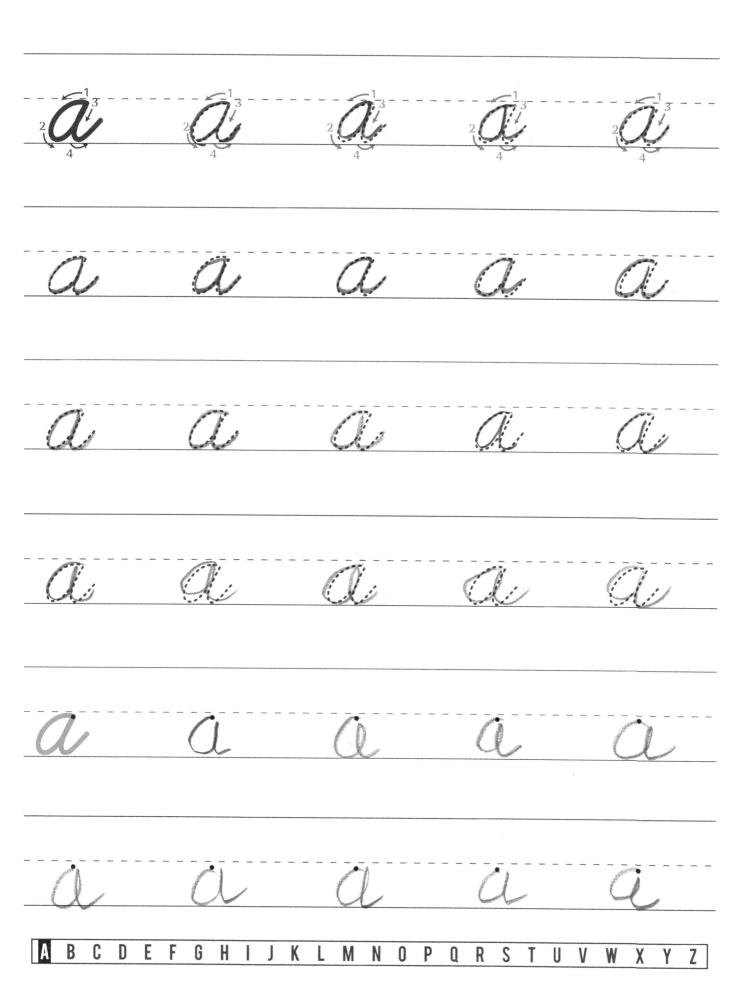

Balloon

A B C D E F G H I J K L M N O P Q R S T U V W X Y Z

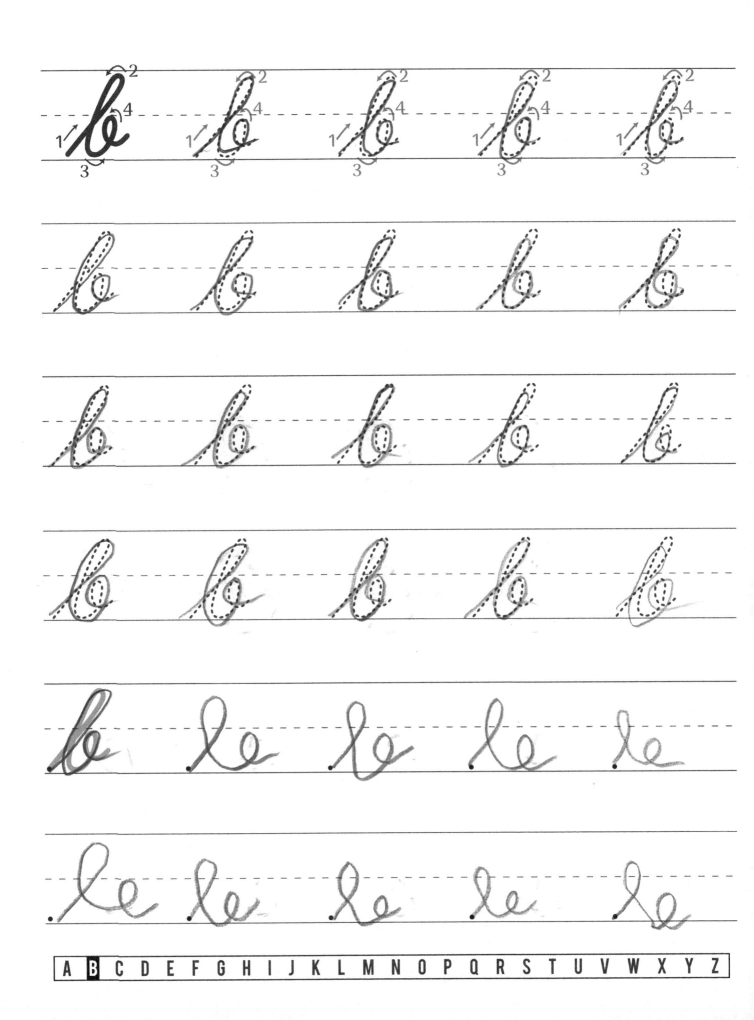

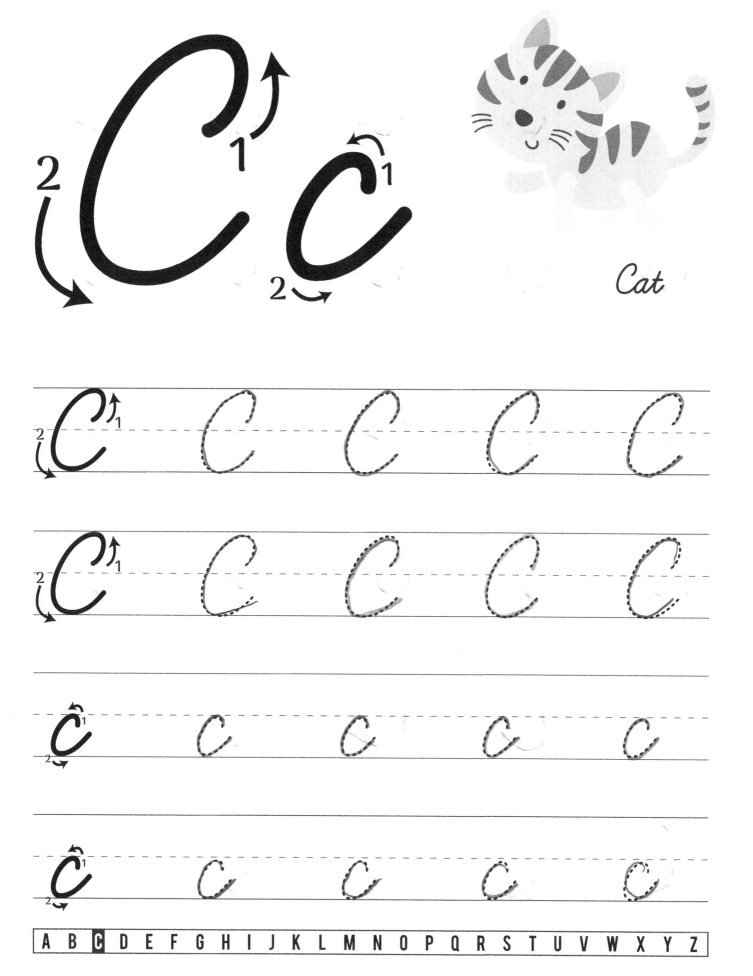

Cat

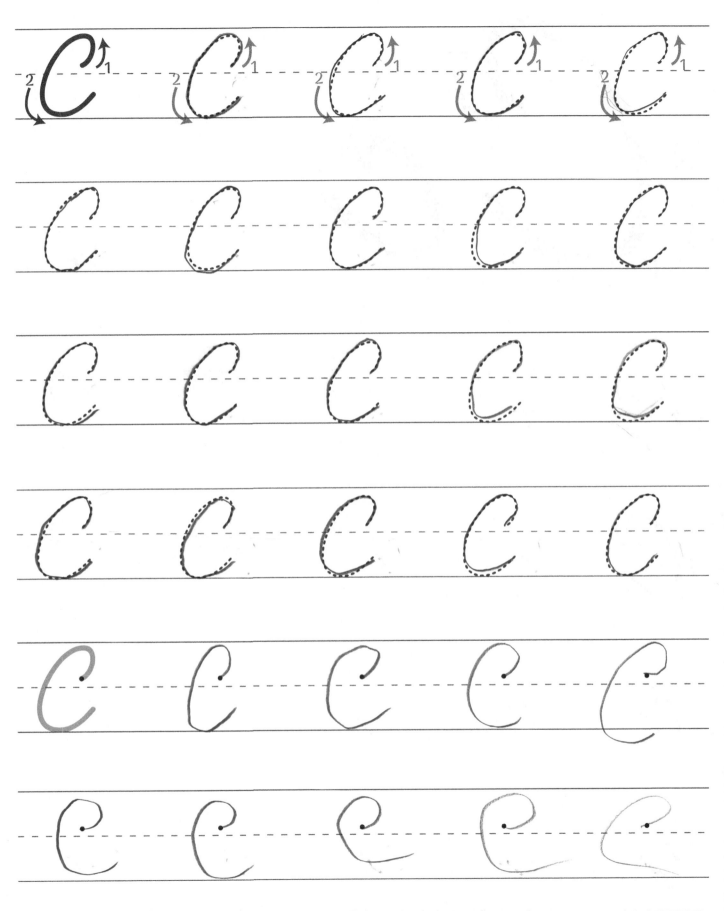

A B **C** D E F G H I J K L M N O P Q R S T U V W X Y Z

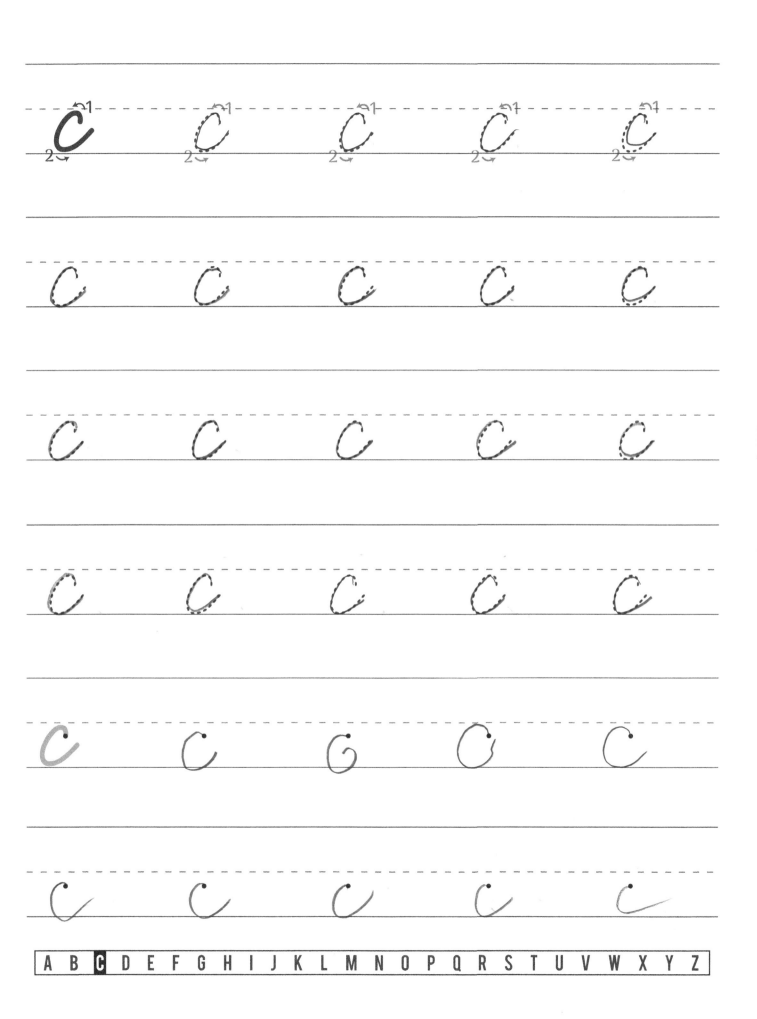

A B **C** D E F G H I J K L M N O P Q R S T U V W X Y Z

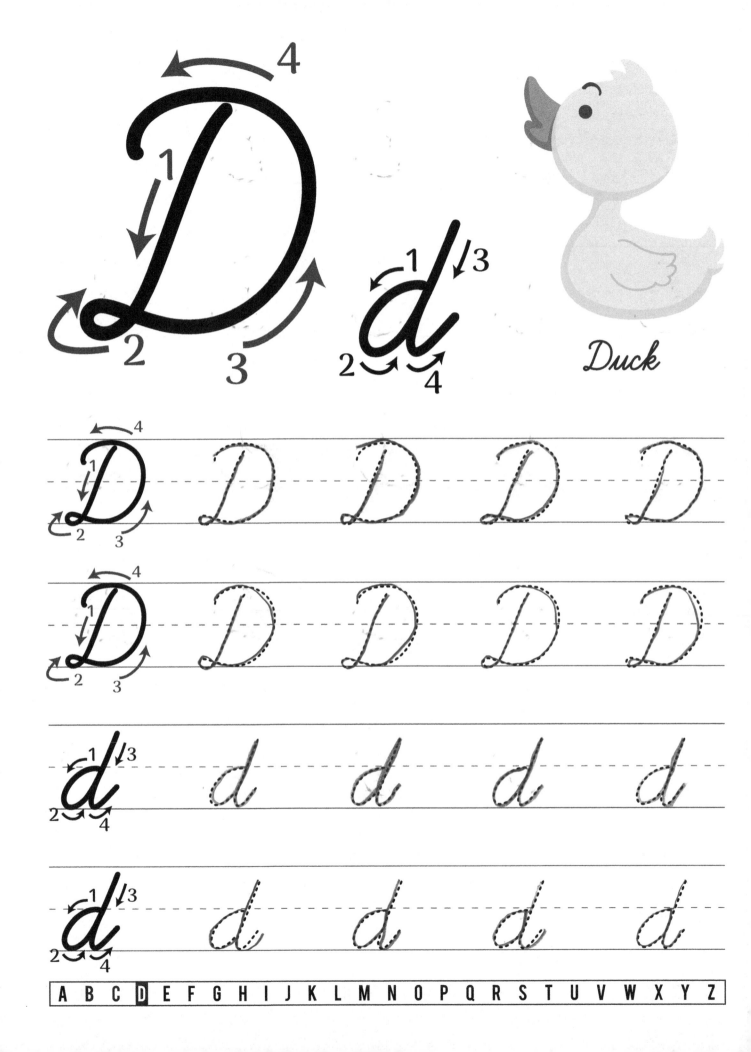

Duck

A B C D E F G H I J K L M N O P Q R S T U V W X Y Z

ABCDEFGHIJKLMNOPQRSTUVWXYZ

Elephant

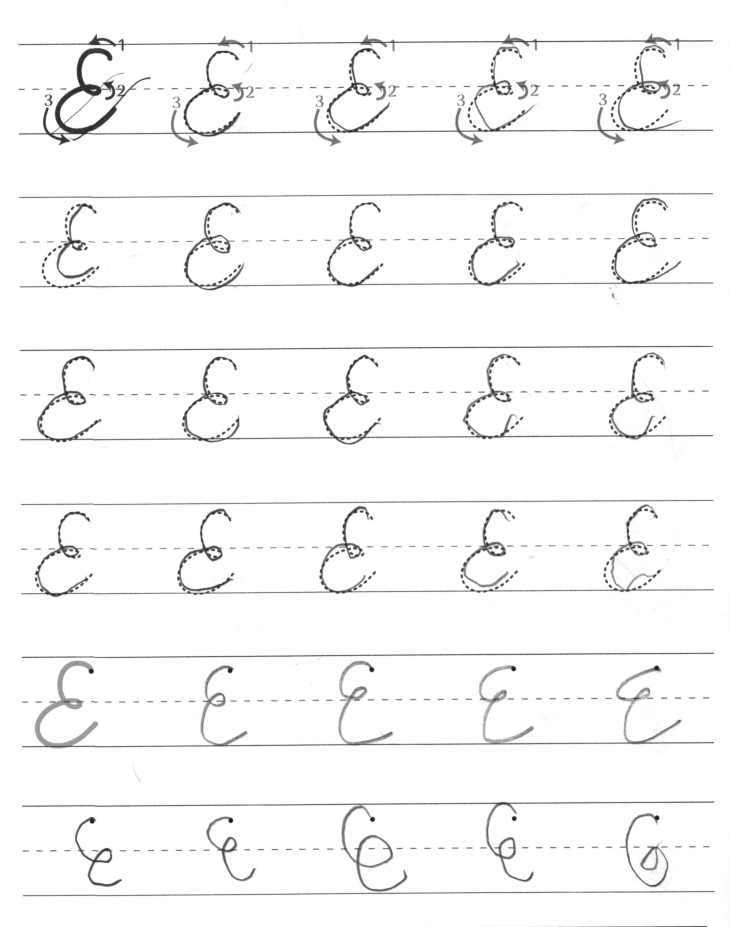

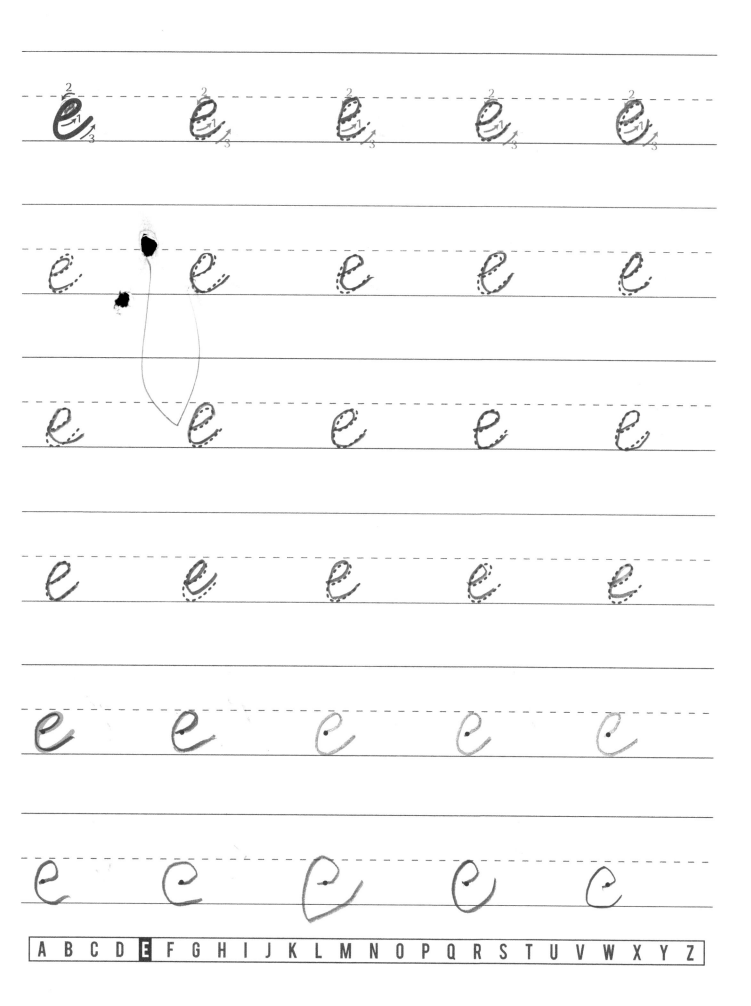

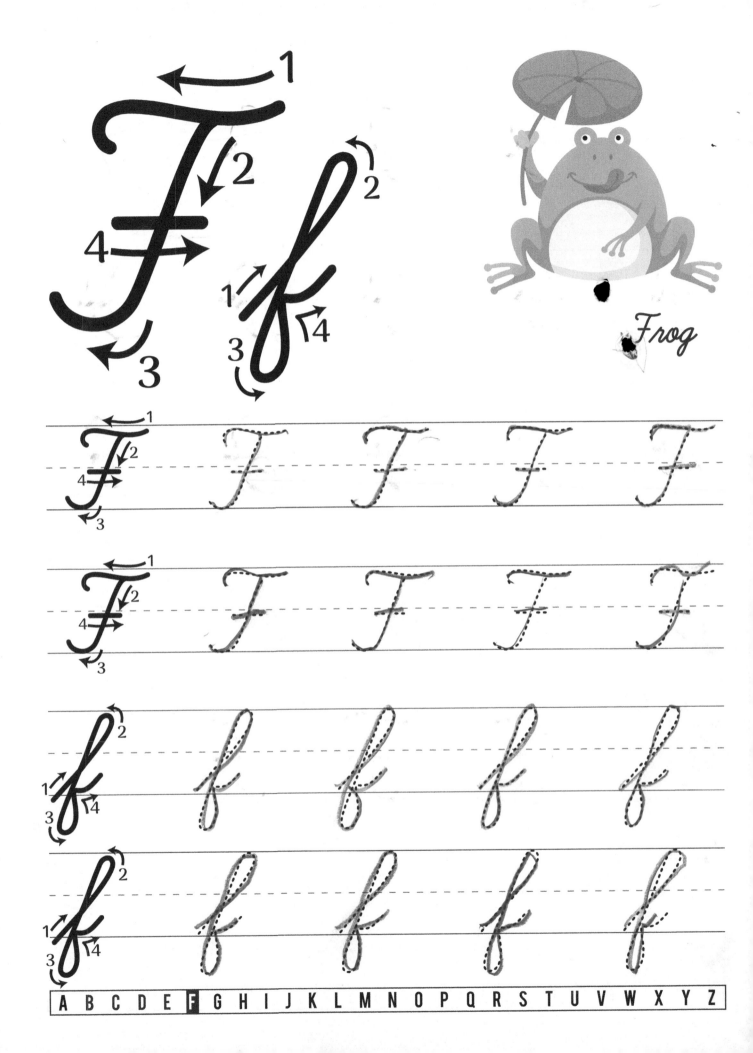

Frog

A B C D E **F** G H I J K L M N O P Q R S T U V W X Y Z

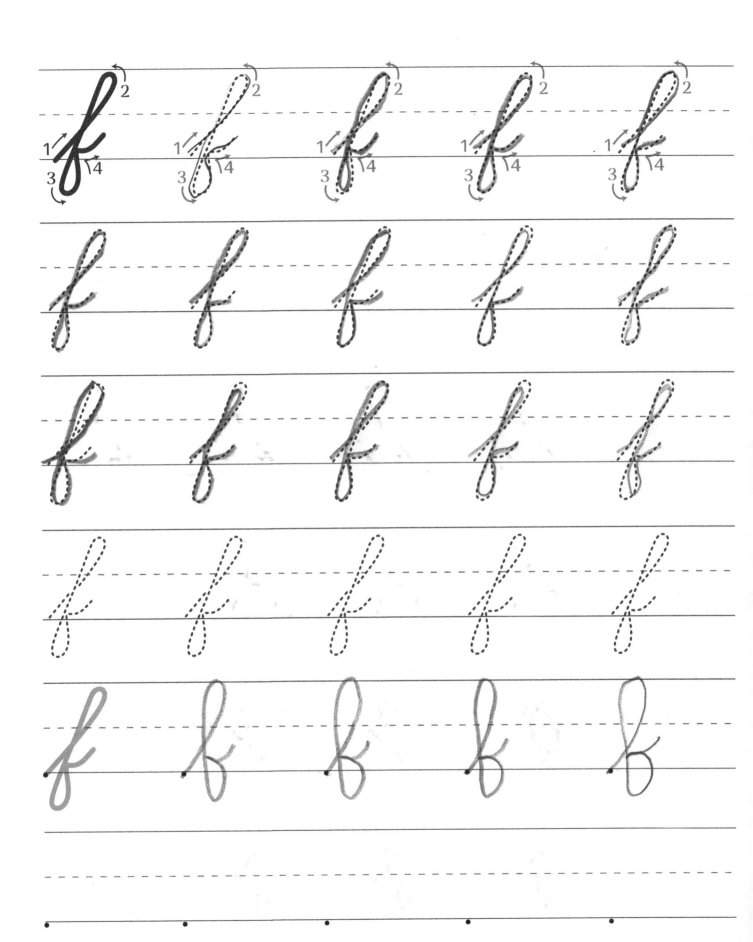

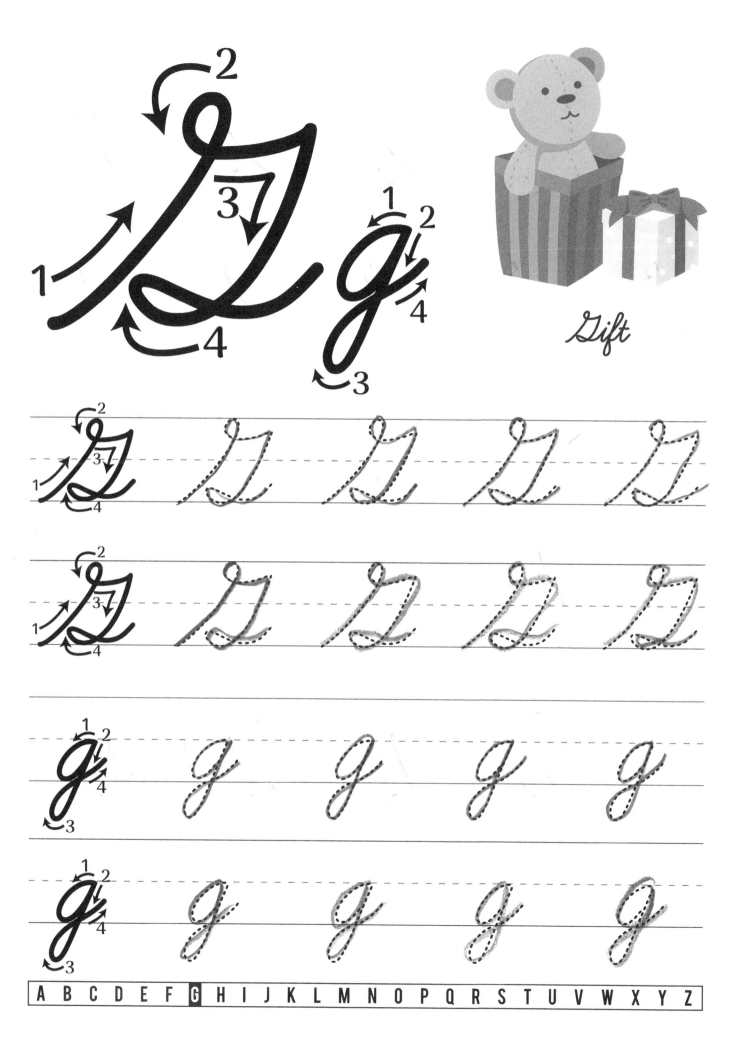

Gift

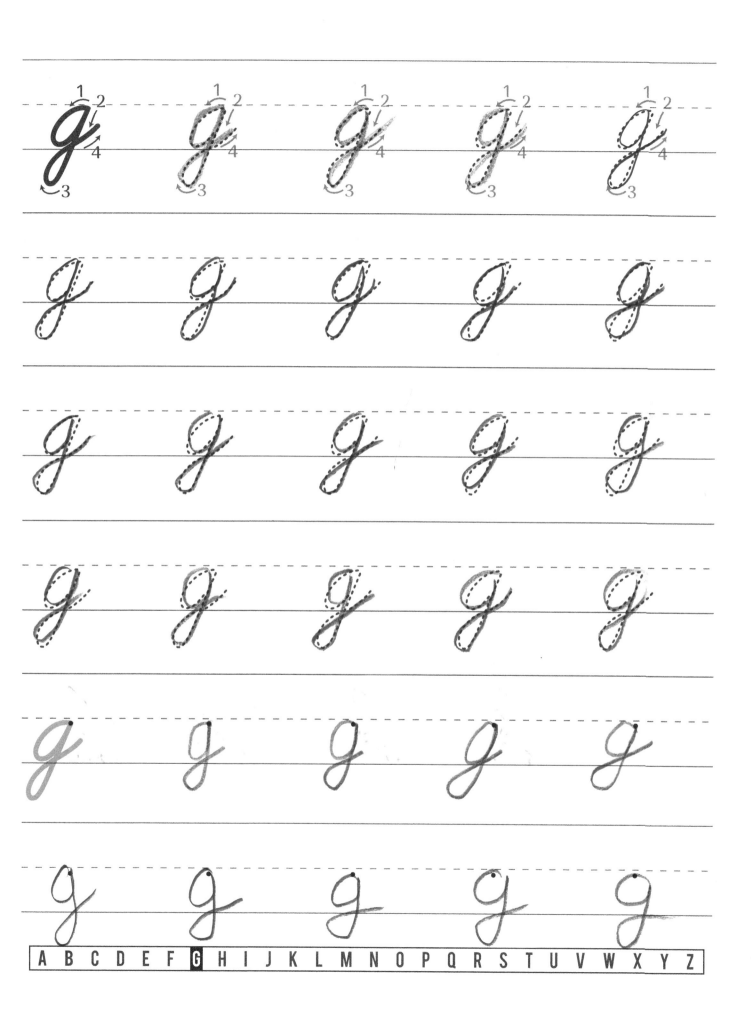

ABCDEF**G**HIJKLMNOPQRSTUVWXYZ

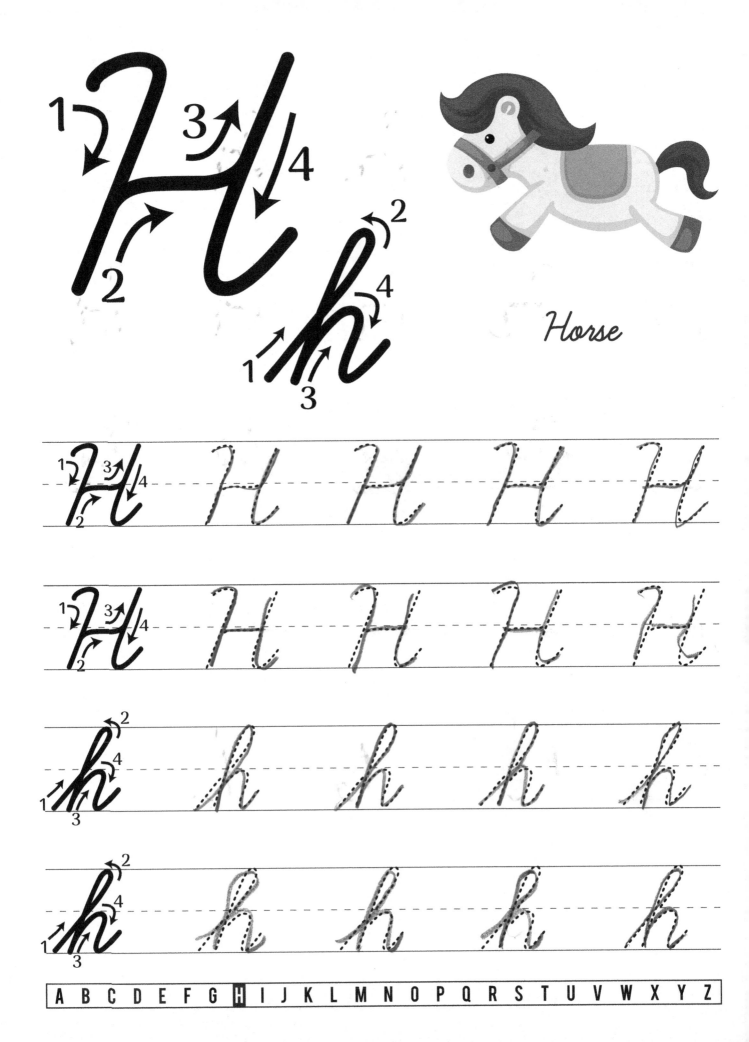

Horse

ABCDEFG**H**IJKLMNOPQRSTUVWXYZ

Iguana

A B C D E F G H I J K L M N O P Q R S T U V W X Y Z

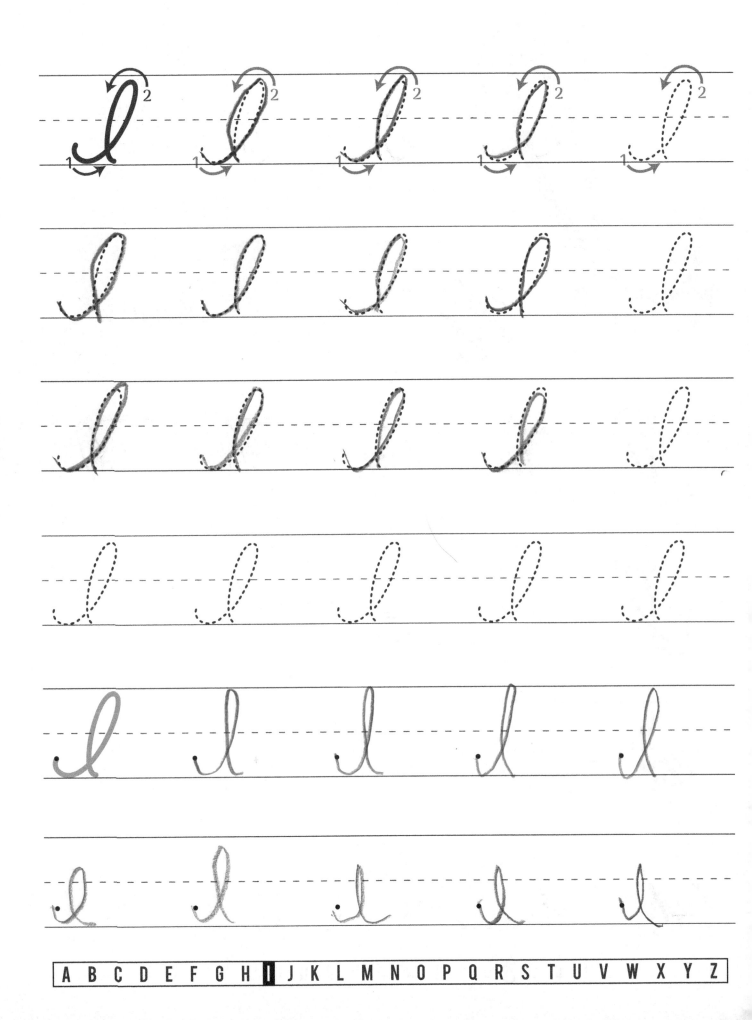

Jewelry

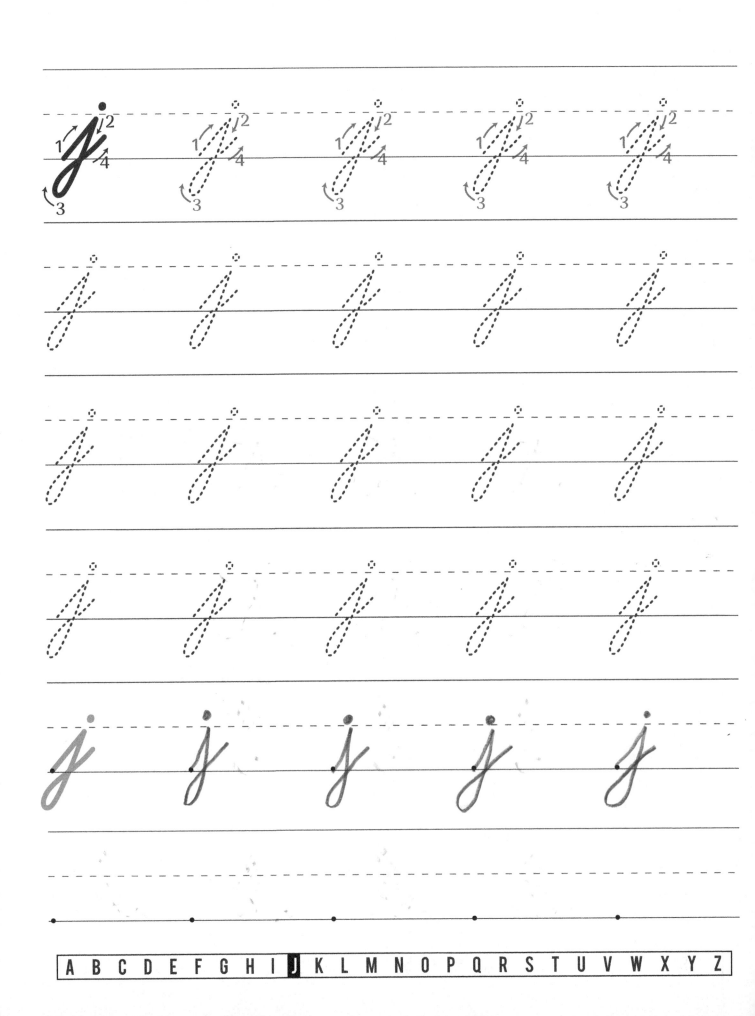

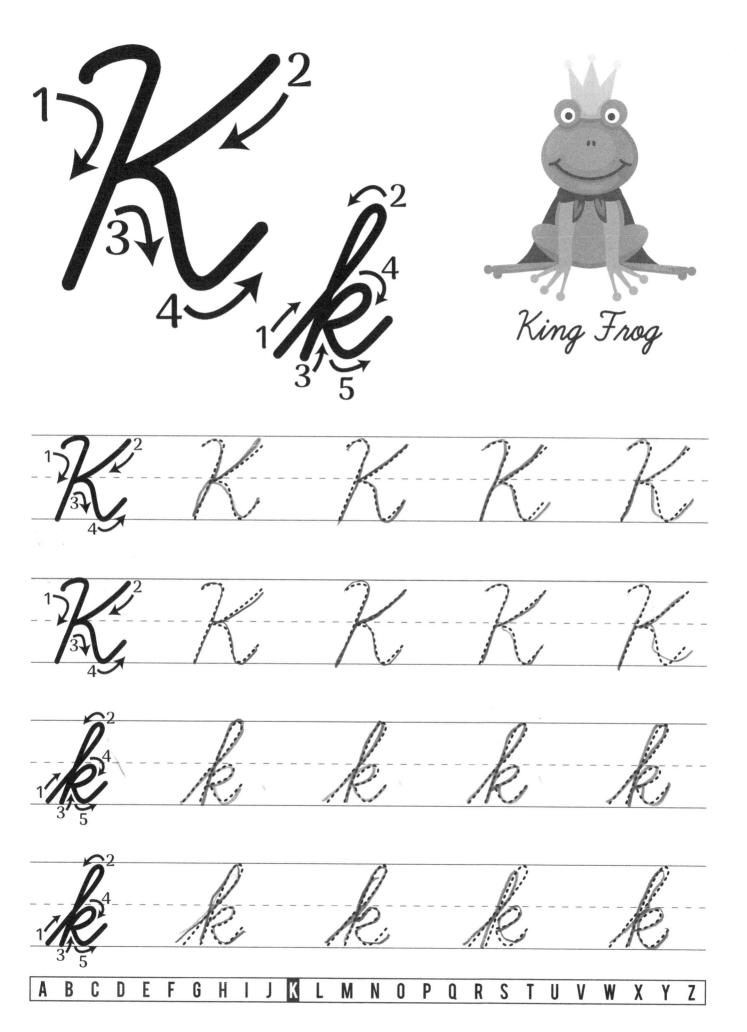

King Frog

A B C D E F G H I J K L M N O P Q R S T U V W X Y Z

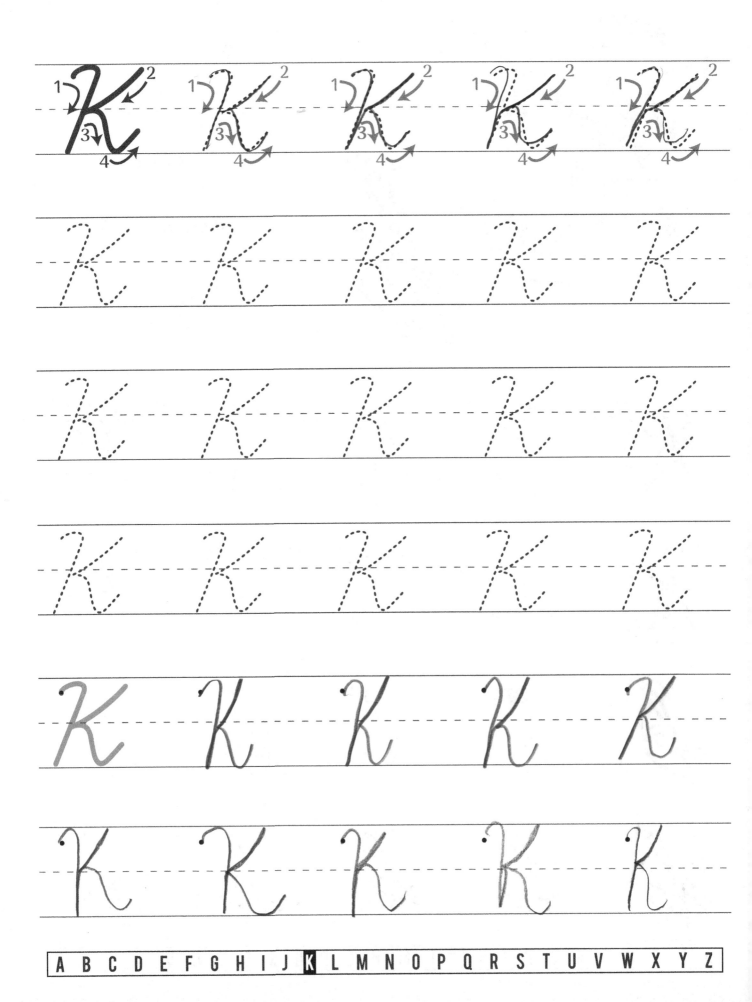

A B C D E F G H I J **K** L M N O P Q R S T U V W X Y Z

ABCDEFGHIJ**K**LMNOPQRSTUVWXYZ

Lion

A B C D E F G H I J K L M N O P Q R S T U V W X Y Z

Monkey

A B C D E F G H I J K L **M** N O P Q R S T U V W X Y Z

m m m m m m m m m

m m m m m

m m m m m

m m m m m

m m m m m

m m m m m

Nightingale

n n n n n

n n n n n

n n n n n

n n n n n

n n n n n

n n n n n

A B C D E F G H I J K L M **N** O P Q R S T U V W X Y Z

Octopus

A B C D E F G H I J K L M N O P Q R S T U V W X Y Z

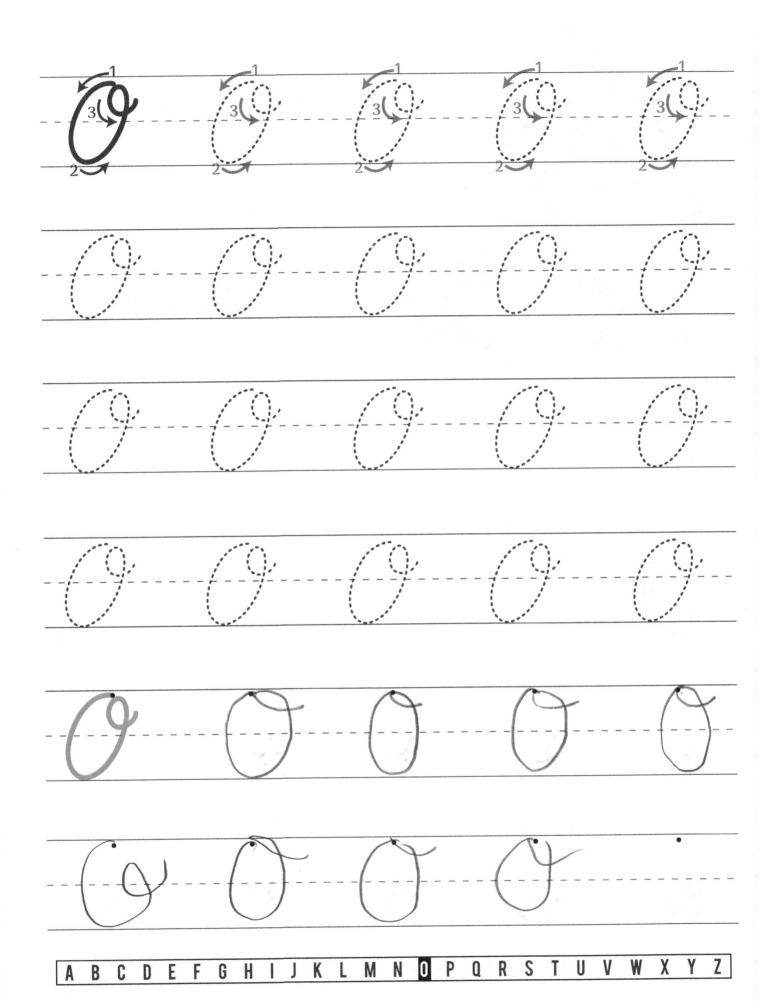

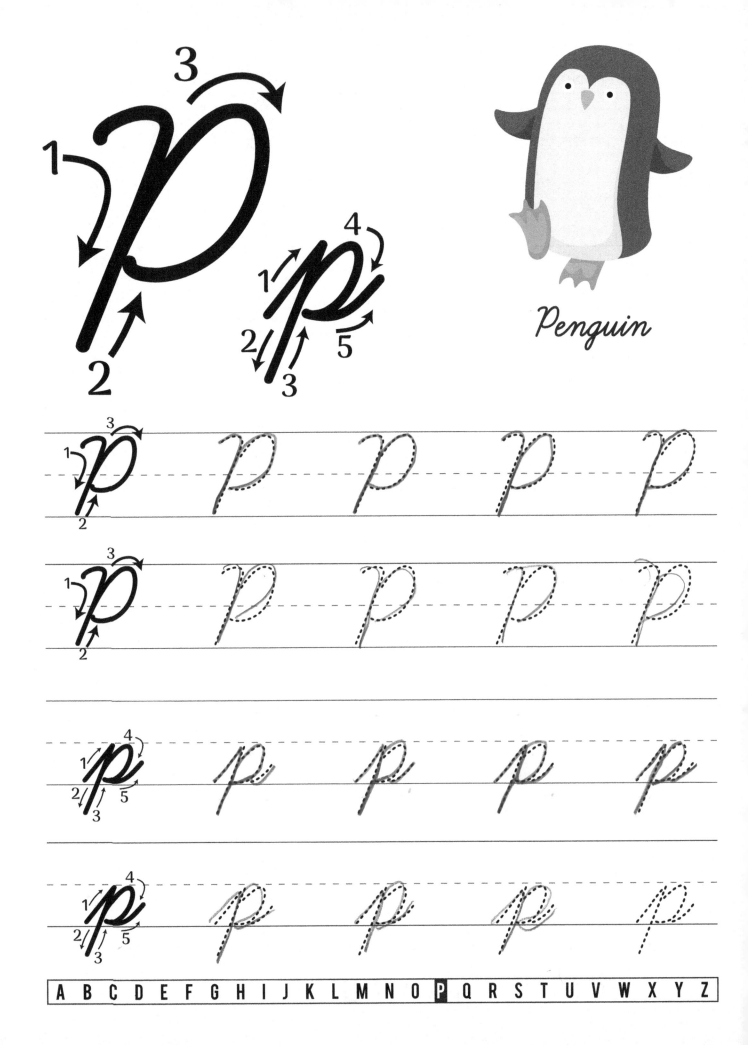

Penguin

A B C D E F G H I J K L M N O P Q R S T U V W X Y Z

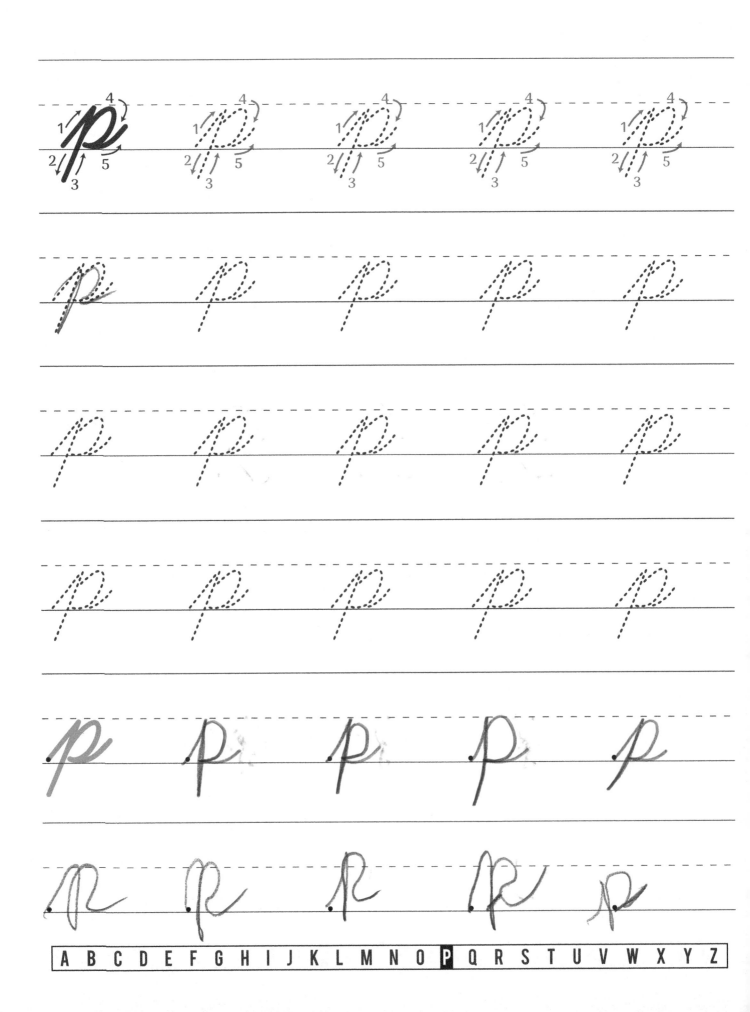

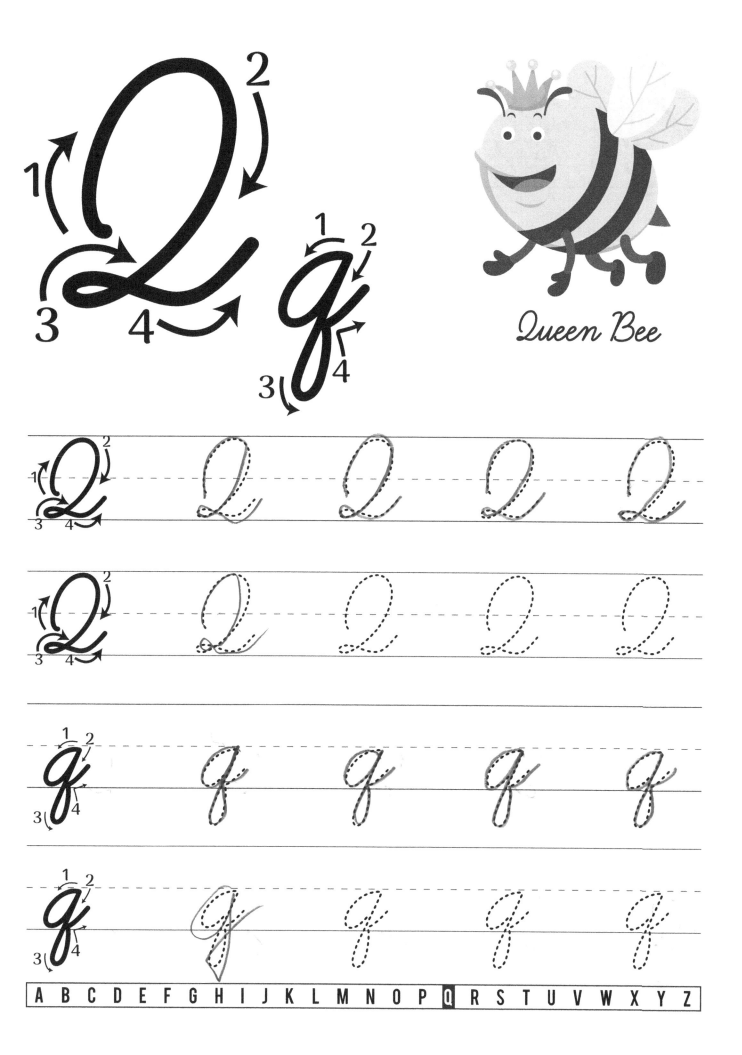

Queen Bee

A B C D E F G H I J K L M N O P Q R S T U V W X Y Z

ABCDEFGHIJKLMNOP**Q**RSTUVWXYZ

ABCDEFGHIJKLMNOP**Q**RSTUVWXYZ

Rabbit

ABCDEFGHIJKLMNOPQ**R**STUVWXYZ

ABCDEFGHIJKLMNOPQ**R**STUVWXYZ

Snowman

A B C D E F G H I J K L M N O P Q R **S** T U V W X Y Z

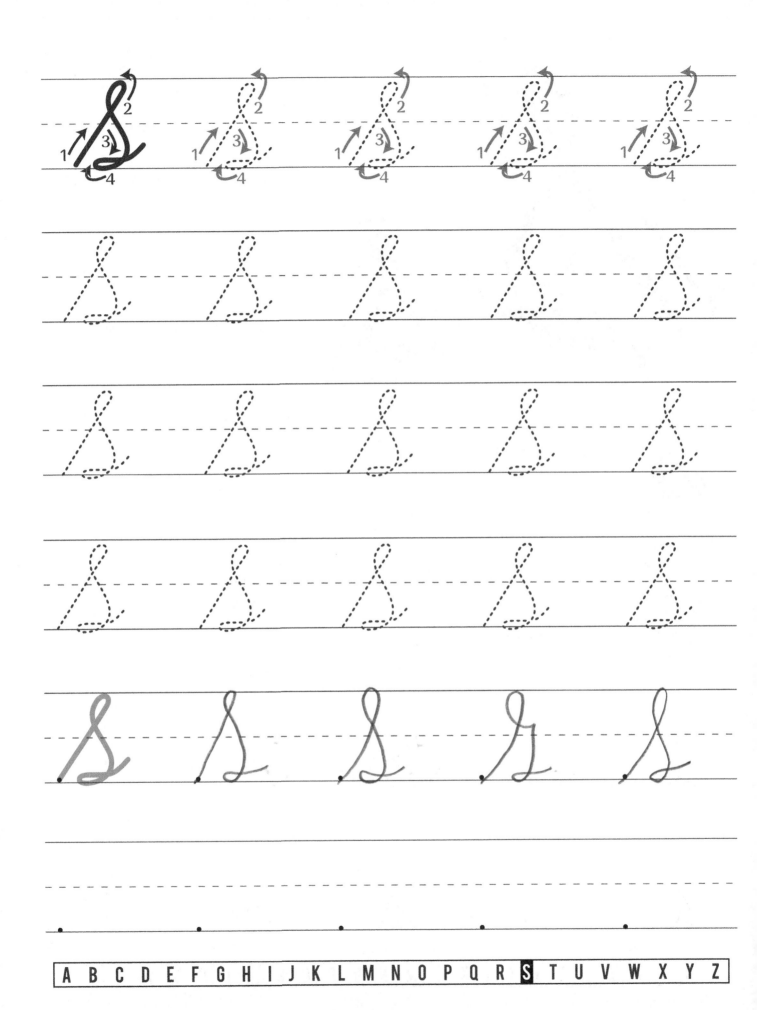

A B C D E F G H I J K L M N O P Q R S T U V W X Y Z

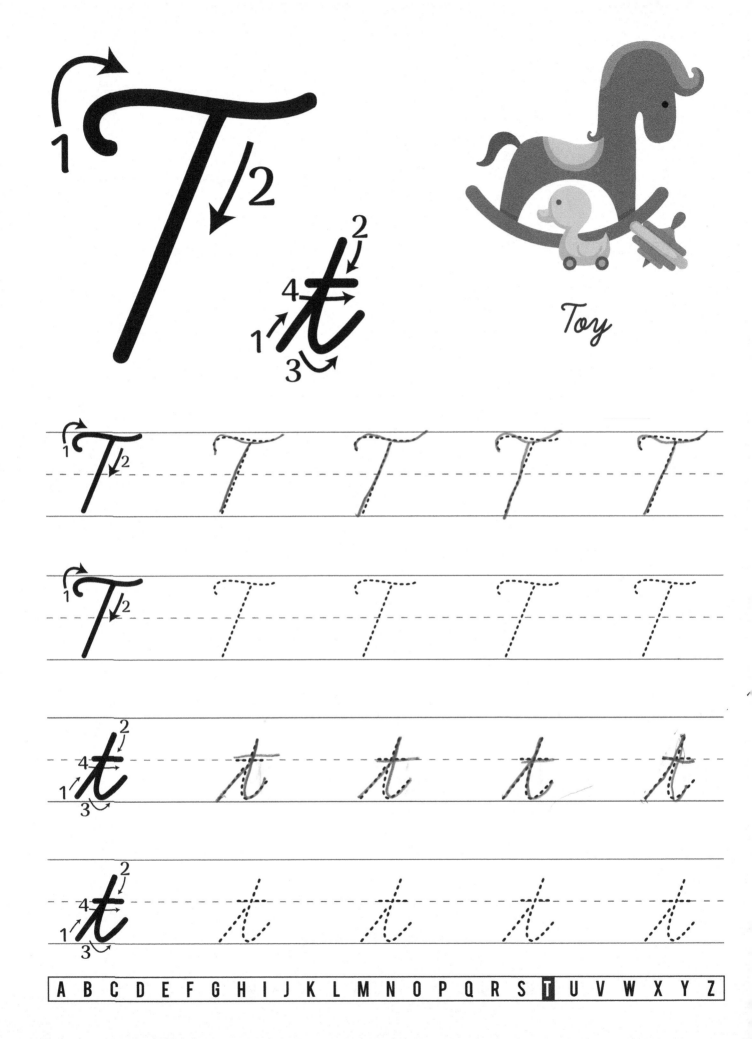

Toy

A B C D E F G H I J K L M N O P Q R S **T** U V W X Y Z

T T T T T

T T T T T

T T T T T

T T T T T

T T T T T

Unicorn

A B C D E F G H I J K L M N O P Q R S T U V W X Y Z

ABCDEFGHIJKLMNOPQRST**U**VWXYZ

Van

A B C D E F G H I J K L M N O P Q R S T U V W X Y Z

Whale

A B C D E F G H I J K L M N O P Q R S T U V W X Y Z

ABCDEFGHIJKLMNOPQRSTUV**W**XYZ

X ray Fish

A B C D E F G H I J K L M N O P Q R S T U V W X Y Z

Yacht

A B C D E F G H I J K L M N O P Q R S T U V W X **Y** Z

Y 𝒴 𝒴 𝒴 𝒴

𝒴 𝒴 𝒴 𝒴 𝒴

𝒴 𝒴 𝒴 𝒴 𝒴

𝒴 𝒴 𝒴 𝒴 𝒴

𝒴 𝒴 𝒴 𝒴 𝒴

Zoo

A B C D E F G H I J K L M N O P Q R S T U V W X Y Z

Ant Asia Arm

Ant Asia Arm

Ant Asia Arm

Ant Asia Arm

Bee Boy Bag

Bee Boy Bag

Bee Boy Bag

Bee Boy Bag

Cap Cart Coin

Cap Cart Coin

Cap Cart Coin

Cap Cart Coin

A B **C** D E F G H I J K L M N O P Q R S T U V W X Y Z

Day Door Dad

Day Door Dad

Day Door Dad

Day Door Dad

Eye   Earth   Egg

Eye   Earth   Egg

Eye   Earth   Egg

Eye   Earth   Egg

Fan Fish Fox

Fan Fish Fox

Fan Fish Fox

Fan Fish Fox

Gray Go Goat

Gray Go Goat

Gray Go Goat

Gray Go Goat

A B C D E F **G** H I J K L M N O P Q R S T U V W X Y Z

Hat Hair Hen

Hat Hair Hen

Hat Hair Hen

Hat Hair Hen

A B C D E F G **H** I J K L M N O P Q R S T U V W X Y Z

Ink   Italy   Ice

Ink   Italy   Ice

Ink   Italy   Ice

Ink   Italy   Ice

A B C D E F G H **I** J K L M N O P Q R S T U V W X Y Z

Jar July Jam

Jar July Jam

Jar July Jam

Jar July Jam

Key Kite King

Key Kite King

Key Kite King

Key Kite King

Leg Lion Leaf

Leg Lion Leaf

Leg Lion Leaf

Leg Lion Leaf

May Mat Mug

May Mat Mug

May Mat Mug

May Mat Mug

A B C D E F G H I J K L M N O P Q R S T U V W X Y Z

Net North Nail

Net North Nail

Net North Nail

Net North Nail

Ox Owl Ocean

Ox Owl Ocean

Ox Owl Ocean

Ox Owl Ocean

Pan Pink Pen

Pan Pink Pen

Pan Pink Pen

Pan Pink Pen

Quiz   *Queen*

Quiz   *Queen*

Quiz   *Queen*

Quiz   *Queen*

Rat Rose Rain

Rat Rose Rain

Rat Rose Rain

Rat Rose Rain

Sea Salt Saw

Sea Salt Saw

Sea Salt Saw

Sea Salt Saw

Tea Taxi Toys

Tea Taxi Toys

Tea Taxi Toys

Tea Taxi Toys

Unit Umbrella

Unit Umbrella

Unit Umbrella

Unit Umbrella

A B C D E F G H I J K L M N O P Q R S T **U** V W X Y Z

Van Vein Viper

Van Vein Viper

Van Vein Viper

Van Vein Viper

We Wolf Wall

We Wolf Wall

We Wolf Wall

We Wolf Wall

X-ray   Xerox

X-ray   Xerox

X-ray   Xerox

X-ray   Xerox

A B C D E F G H I J K L M N O P Q R S T U V W **X** Y Z

You Yolk Yard

You Yolk Yard

You Yolk Yard

You Yolk Yard

Zip Zero Zoo

Zip Zero Zoo

Zip Zero Zoo

Zip Zero Zoo

Color the ant brown.

The ant is small.

The ant is small.

The ant is small.

The ant is small.

The ant is small.

The ant is small.

A B C D E F G H I J K L M N O P Q R S T U V W X Y Z

Color the bee yellow.

The bee can fly.

The bee can fly.

The bee can fly.

The bee can fly.

The bee can fly.

The bee can fly.

A B C D E F G H I J K L M N O P Q R S T U V W X Y Z

Color the cake pink.

The cake is sweet.

The cake is sweet.

The cake is sweet.

The cake is sweet.

A B C D E F G H I J K L M N O P Q R S T U V W X Y Z

The cake is sweet.

The cake is sweet.

A B C D E F G H I J K L M N O P Q R S T U V W X Y Z

Color the duck
yellow.

The duck is yellow.

The duck is yellow.

The duck is yellow.

The duck is yellow.

A B C D E F G H I J K L M N O P Q R S T U V W X Y Z

The duck is yellow.

The duck is yellow.

Color the egg brown.

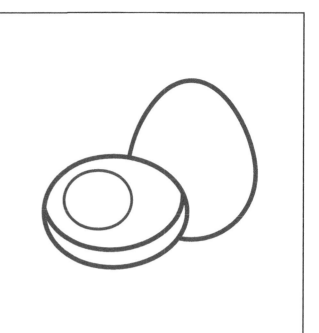

The egg is brown.

The egg is brown.

The egg is brown.

The egg is brown.

The egg is brown.

The egg is brown.

A B C D E F G H I J K L M N O P Q R S T U V W X Y Z

Color the house
brown and yellow.

The house is big.

The house is big.

The house is big.

The house is big.

A B C D E F G H I J K L M N O P Q R S T U V W X Y Z

The house is big.

The house is big.

Color the orange
orange.

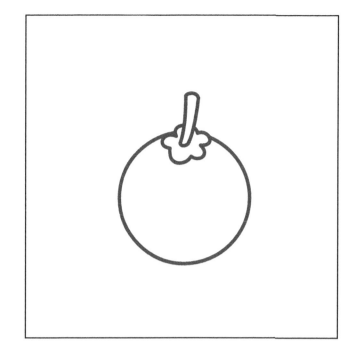

The orange is sour.

The orange is sour.

The orange is sour.

The orange is sour.

The orange is sour.

The orange is sour.

A B C D E F G H I J K L M N O P Q R S T U V W X Y Z

Color the leaf green.

The leaf is green.

The leaf is green.

The leaf is green.

The leaf is green.

A B C D E F G H I J K L M N O P Q R S T U V W X Y Z

The leaf is green.

The leaf is green.

Color the nest brown.

The nest is full.

The nest is full.

The nest is full.

The nest is full.

A B C D E F G H I J K L M N O P Q R S T U V W X Y Z

The nest is full.

The nest is full.

A B C D E F G H I J K L M N O P Q R S T U V W X Y Z

Color the sock red.

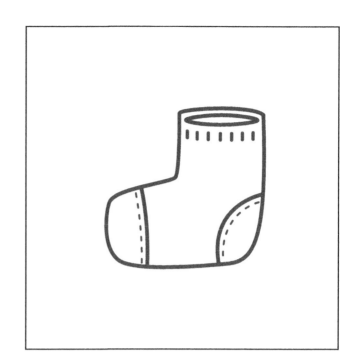

The sock is red.

The sock is red.

The sock is red.

The sock is red.

The sock is red.

The sock is red.

Color the owl brown.

The owl is wise.

The owl is wise.

The owl is wise.

The owl is wise.

A B C D E F G H I J K L M N O P Q R S T U V W X Y Z

The owl is wise.

The owl is wise.

A B C D E F G H I J K L M N O P Q R S T U V W X Y Z

Color the van blue.

The van is blue.

The van is blue.

The van is blue.

The van is blue.

The van is blue.

The van is blue.

A B C D E F G H I J K L M N O P Q R S T U V W X Y Z

Color the whale blue.

The whale is huge.

The whale is huge.

The whale is huge.

The whale is huge.

A B C D E F G H I J K L M N O P Q R S T U V W X Y Z

The whale is huge.

The whale is huge.

A B C D E F G H I J K L M N O P Q R S T U V W X Y Z

Certificate of
Achievement

Awarded to

_____

for excellence in

Cursive Handwriting

Date: _____

TOTALLY AWESOME

Signed _____

Made in the USA
Middletown, DE
15 April 2020